Impressum
Verlag: BABADADA GmbH, Nedderfeld 112 , 22529 Hamburg
Geschäftsführer / Verlagsleitung: Harald Hof
Druck: Books on Demand GmbH, In de Tarpen 42, 22848 Norderstedt

Imprint
Publisher: BABADADA GmbH, Nedderfeld 112 , 22529 Hamburg, Germany
Managing Director / Publishing direction: Harald Hof
Print: Books on Demand GmbH, In de Tarpen 42, 22848 Norderstedt

school

школа

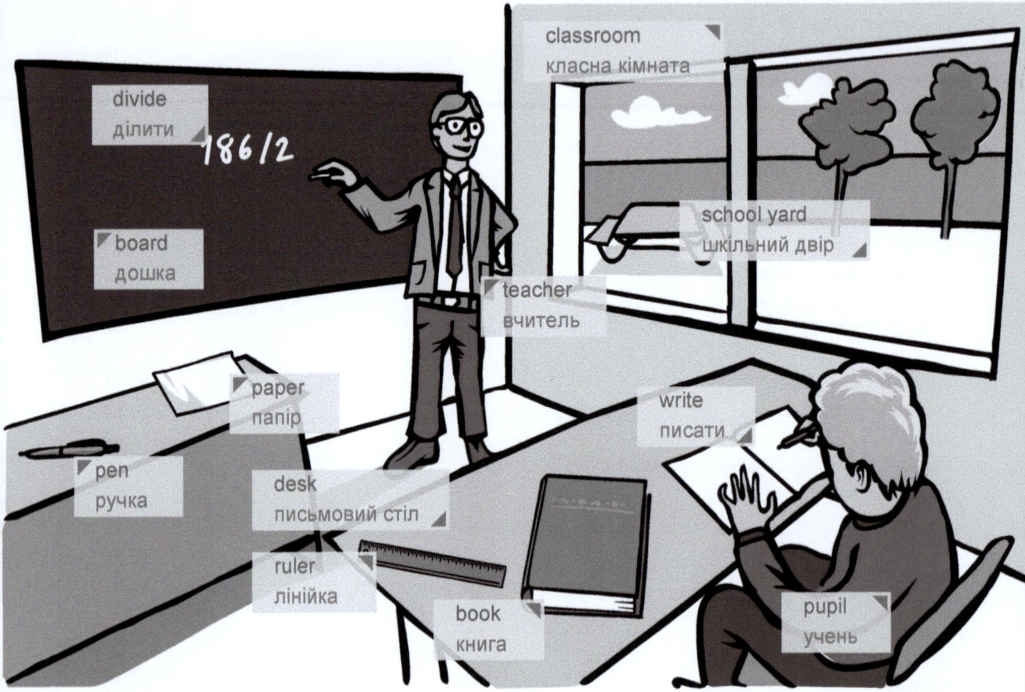
classroom
класна кімната
divide
ділити
186/2
board
дошка
teacher
вчитель
school yard
шкільний двір
paper
папір
write
писати
pen
ручка
desk
письмовий стіл
ruler
лінійка
book
книга
pupil
учень

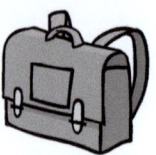

satchel

ранець

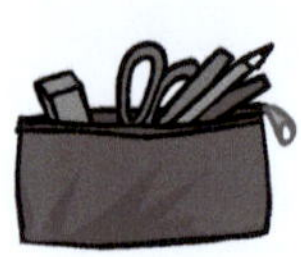

pencil case

пенал

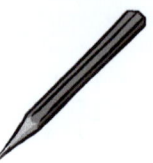

pencil

олівець

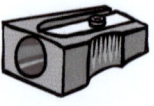

pencil sharpener

точило

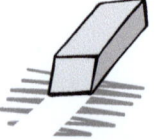

rubber

гумка

drawing pad

альбом для малювання

drawing

малюнок

paintbrush

пензель

paint box

коробка фарб

scissors

ножиці

glue

клей

exercise book

зошит

homework

домашнє завдання

number

число

add

додавати

subtract

віднімати

multiply

множити

calculate

рахувати

letter

літера

alphabet

абетка

word

слово

text

текст

read

читати

chalk

крейда

lesson

година

register

класний журнал

exam

екзамен

certificate

диплом

school uniform

шкільна форма

education

освіта

encyclopedia

лексикон

university

університет

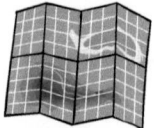

microscope

мікроскоп

map

карта

waste-paper basket

кошик для паперу

travel

подорож

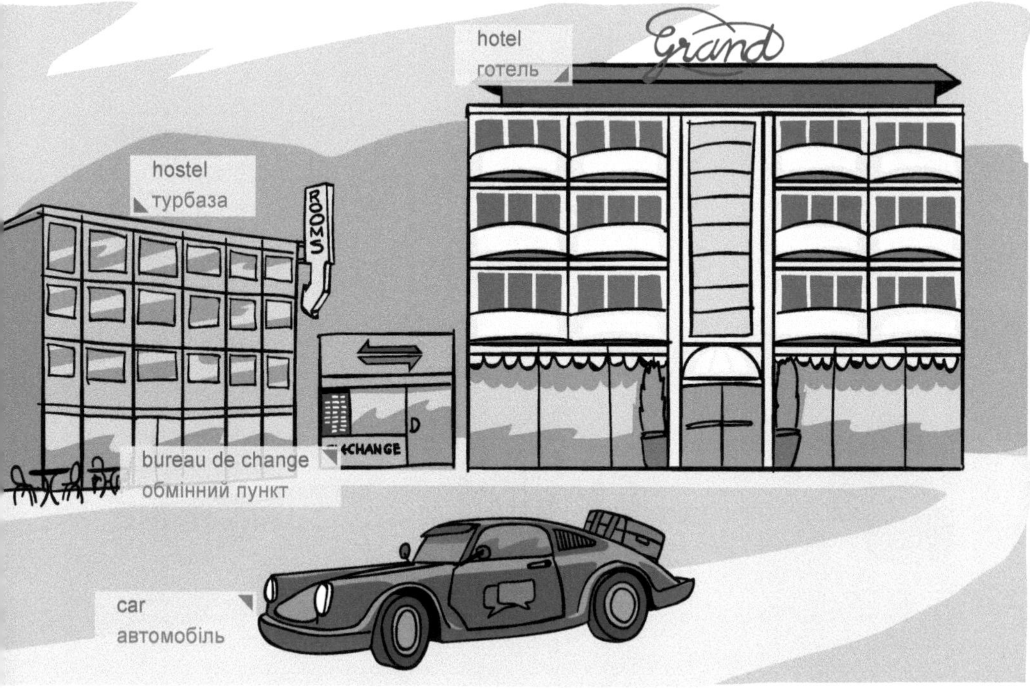

hotel
готель
Grand
hostel
турбаза
ROOMS
bureau de change
обмінний пункт
CHANGE
car
автомобіль

language
мова

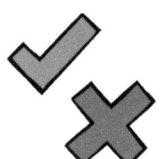

yes / no
так / ні

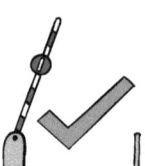

Okay
добре

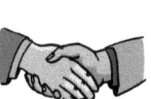

hello
привіт

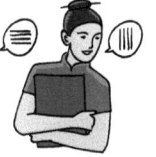

translator
перекладач

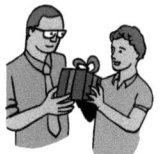

Thank you
дякую

how much is...?

Скільки коштує ...?

I do not understand

Я не розумію

problem

проблема

Good evening!

Добрий вечір!

Good morning!

Доброго ранку!

Good night!

На добраніч!

bye bye

До побачення

direction

напрямок

luggage

багаж

bag

сумка

backpack

рюкзак

guest

гість

room

кімната

sleeping bag

спальний мішок

tent

намет

travel - подорож

tourist information

туристична інформація

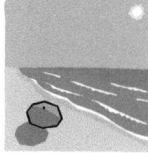

beach

пляж

credit card

кредитна картка

breakfast

сніданок

lunch

обід

dinner

вечеря

ticket

квиток

lift

ліфт

stamp

поштова марка

border

межа

customs

митниця

embassy

посольство

visa

віза

passport

паспорт

transport

транспорт

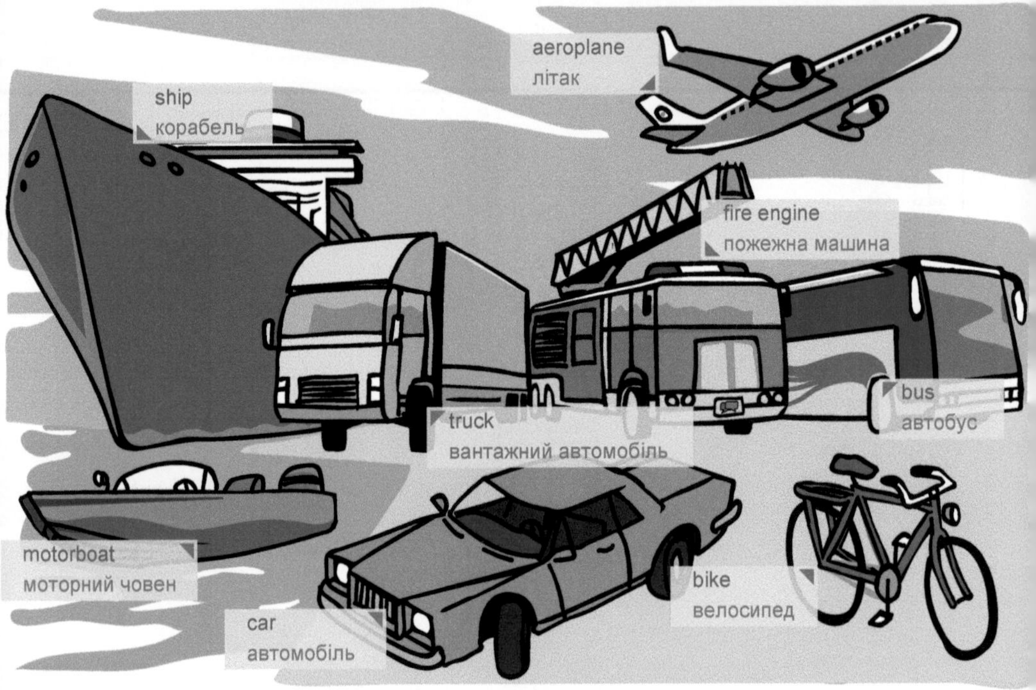
aeroplane
літак
ship
корабель
fire engine
пожежна машина
bus
автобус
truck
вантажний автомобіль
motorboat
моторний човен
bike
велосипед
car
автомобіль

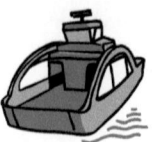

ferry
....
пором

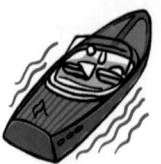

boat
....
човен

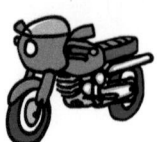

motorbike
....
мотоцикл

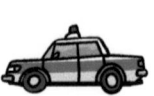

police car
....
поліцейська машина

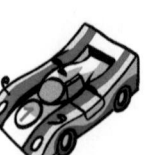

racing car
....
гоночний автомобіль

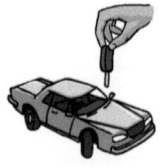

rental car
....
автомобіль на прокат

car sharing

спільне користування авто

breakdown truck

евакуатор

refuse truck

сміттєвоз

motor

двигун

fuel

паливо

petrol station

автозаправна станція

traffic sign

дорожній знак

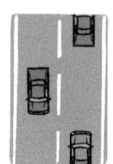

traffic

рух

traffic jam

затор

car park

стоянка

train station

вокзал

tracks

рейки

train

потяг

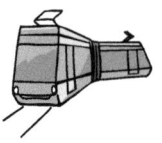

tram

трамвай

carriage

вагон

helicopter

гелікоптер

airport

аеропорт

tower

вежа

passenger

пасажир

container

контейнер

carton

коробка

cart

візок

basket

кошик

take off / land

стартувати / приземлятися

city

місто

village

село

city centre

центр міста

house

дім

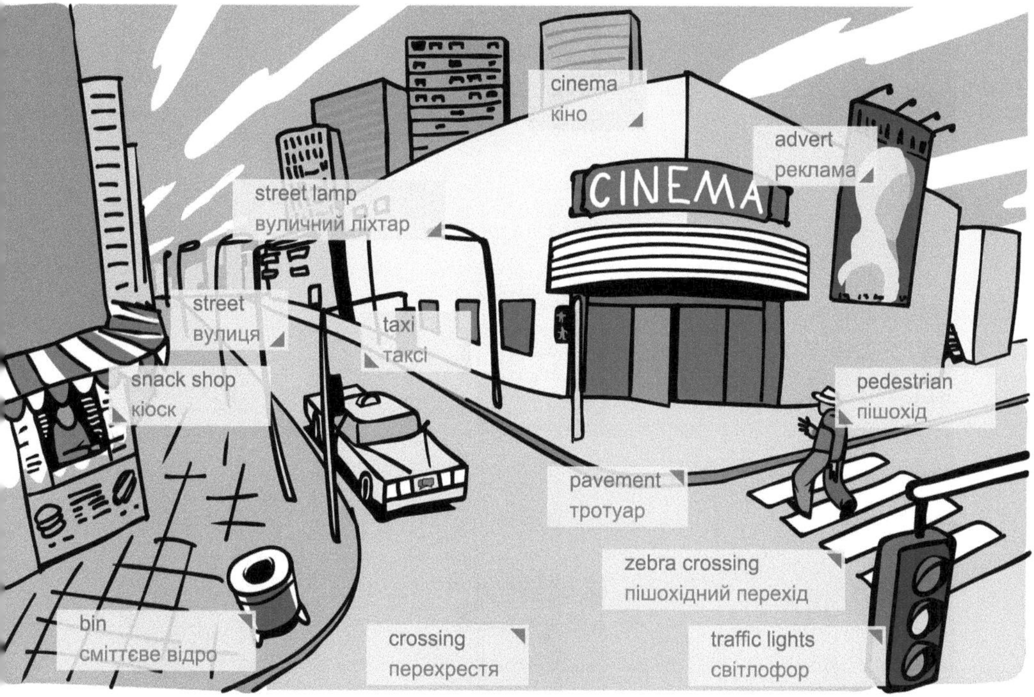

cinema
кіно
advert
реклама
CINEMA
street lamp
вуличний ліхтар
street
вулиця
taxi
таксі
snack shop
кіоск
pedestrian
пішохід
pavement
тротуар
zebra crossing
пішохідний перехід
bin
сміттєве відро
crossing
перехрестя
traffic lights
світлофор

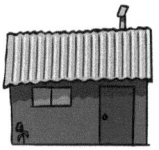

hut

хатина

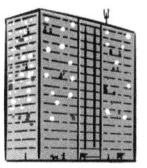

flat

квартира

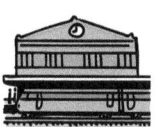

train station

вокзал

town hall

ратуша

MUSEUM

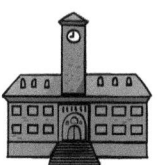

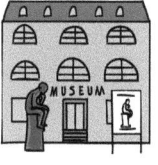

museum

музей

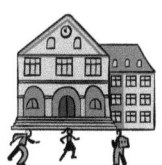

school

школа

university

університет

bank

банк

hospital

лікарня

hotel

готель

pharmacy

аптека

office

офіс

book shop

книжковий магазин

shop

магазин

florist's

квітковий магазин

supermarket

супермаркет

market

ринок

department store

універмаг

fishmonger's

торговець рибою

shopping centre

торговельний центр

harbour

гавань

park

парк

bench

лава

bridge

міст

stairs

сходи

underground

метро

tunnel

тунель

bus stop

автобусна зупинка

bar

бар

restaurant

ресторан

postbox

поштова скринька

street sign

вулична табличка

parking meter

лічильник паркування

zoo

зоопарк

swimming pool

басейн

mosque

мечеть

farm

ферма

pollution

забруднення навколишнього середовища

graveyard

кладовище

church

церква

playground

дитячий майданчик

temple

храм

landscape

ландшафт

signpost
вказівний стовп

way
шлях

meadow
луг

stone
камінь

tree
дерево

hiker
мандрівник

river
річка

grass
трава

flower
квітка

valley

долина

hill

гора

lake

озеро

forest

ліс

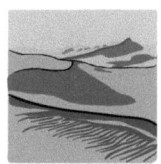

desert

пустеля

volcano

вулкан

castle

замок

rainbow

веселка

mushroom

гриб

palm tree

пальма

mosquito

комар

fly

муха

ant

мурашка

bee

бджола

spider

павук

beetle

жук

frog

жаба

squirrel

вивірка

hedgehog

їжак

hare

заєць

owl

сова

bird

птах

swan

лебідь

boar

кабан

deer

олень

moose

лось

dam

гребля

wind turbine

вітряк

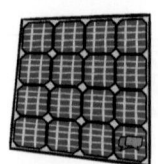

solar panel

сонячний модуль

climate

клімат

restaurant
ресторан

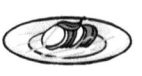

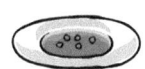

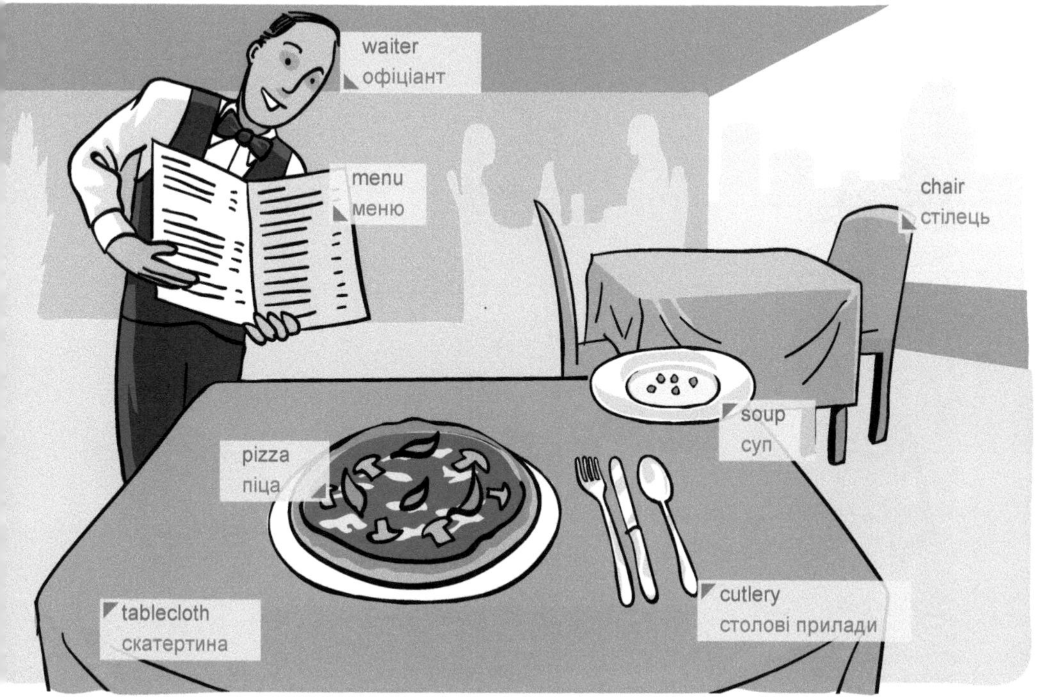
waiter
офіціант
menu
меню
chair
стілець
soup
суп
pizza
піца
tablecloth
скатертина
cutlery
столові прилади

starter
закуска

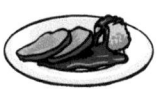

main course
друга страва

dessert
десерт

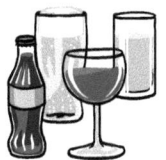

drinks
напої

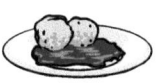

food
їжа

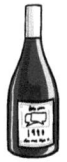

bottle
пляшка

fast food
фаст-фуд

street food
вулична їжа

teapot
чайник

sugar bowl
цукорниця

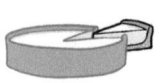

portion
порція

espresso machine
еспресо-машина

high chair
високий стільчик

bill
рахунок

tray
піднос

knife
ніж

fork
вилка

spoon
ложка

teaspoon
чайна ложка

serviette
серветка

glass
склянка

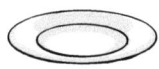

plate

тарілка

soup plate

тарілка для супу

saucer

блюдце

sauce

соус

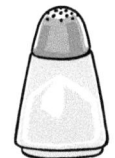

salt pot

солонка

pepper mill

млин для перцю

vinegar

оцет

oil

масло

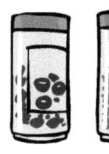

spices

спеції

ketchup

кетчуп

mustard

гірчиця

mayonnaise

майонез

supermarket

супермаркет

special offer
пропозиція
FOR
customer
клієнт
dairy
молочні продукти
fruit
фрукти
trolley
візок для покупок

BUTCHERS

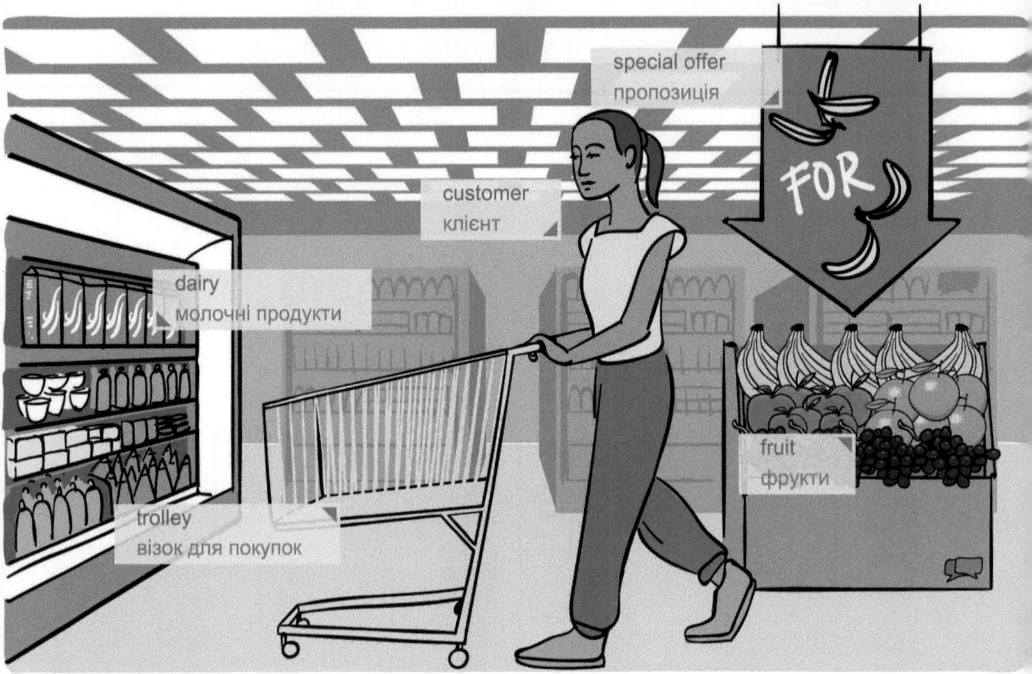

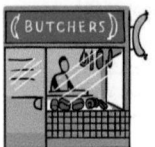

butcher´s

м'ясний магазин

BAKERY

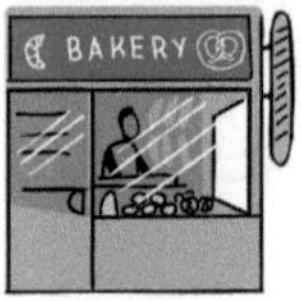

baker´s

пекарня

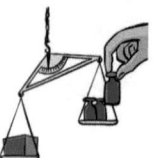

weigh

зважувати

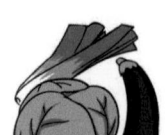

vegetables

овочі

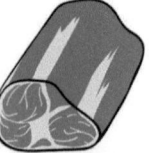

meat

м'ясо

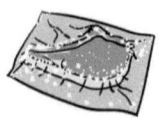

frozen food

заморожені продукти

cold meat

ковбасна нарізка

tinned food

консерви

washing powder

пральний порошок

sweets

солодощі

household products

предмети домашнього побуту

cleaning products

мийний засіб

salesperson

продавщиця

till

каса

cashier

касир

shopping list

список покупок

opening hours

часи роботи

wallet

гаманець

credit card

кредитна картка

bag

сумка

plastic bag

поліетиленовий пакет

water

вода

juice

сік

milk

молоко

coke

кола

wine

вино

beer

пиво

alcohol

алкоголь

cocoa

какао

tea

чай

coffee

кава

espresso

еспресо

cappuccino

капучіно

banana

банан

apple

яблуко

orange

апельсин

melon

кавун

lemon

лимон

carrot

морква

garlic

часник

bamboo

бамбук

onion

цибуля

mushroom

гриб

nuts

горішки

noodles

локшина

spaghetti

спагеті

rice

рис

salad

салат

chips

картопля фрі

fried potatoes

смажена картопля

pizza

піца

hamburger

гамбургер

sandwich

бутерброд

cutlet

шніцель

ham

шинка

salami

салямі

sausage

ковбаса

chicken

курка

roast

печеня

fish

риба

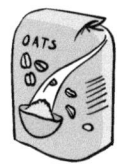

porridge oats

вівсяні пластівці

muesli

мюслі

cornflakes

кукурудзяні пластівці

flour

борошно

croissant

круасан

bread roll

булочка

bread

хліб

toast

тостовий хліб

biscuits

печиво

butter

масло

curd

сир

cake

пиріг

egg

яйце

fried egg

яєчня

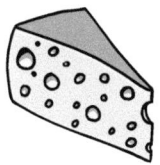

cheese

сир

ice cream

морозиво

sugar

цукор

honey

мед

jam

мармелад

chocolate spread

нуга-крем

curry

карі

farm
ферма

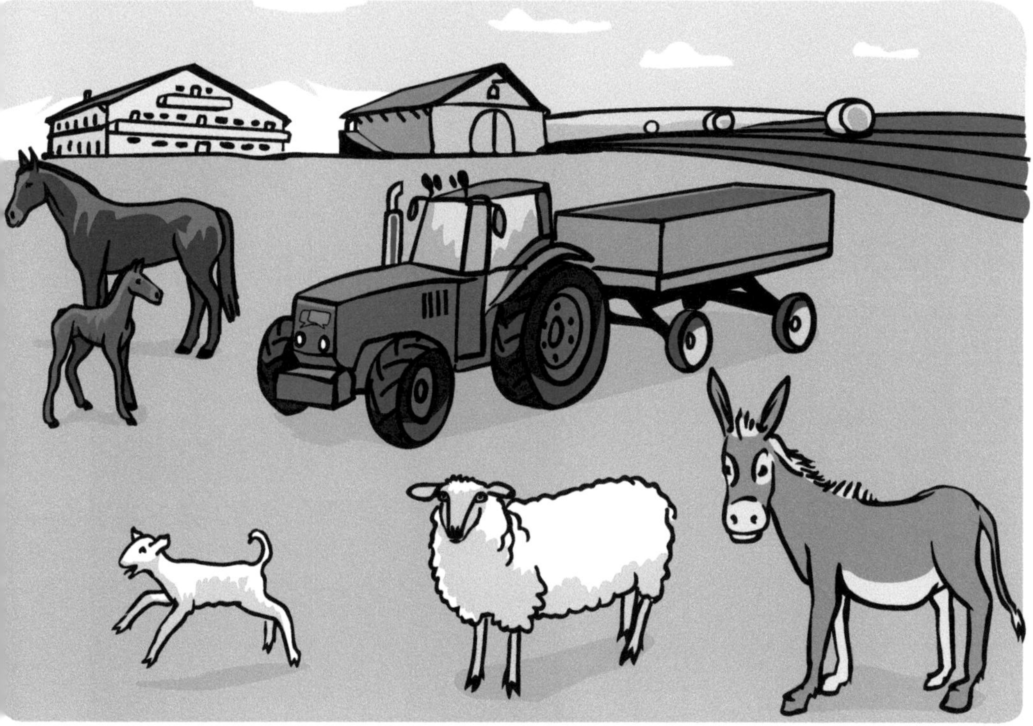

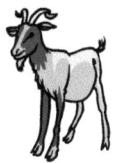

goat

коза

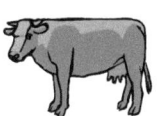

cow

корова

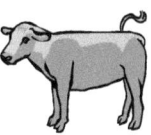

calf

теля

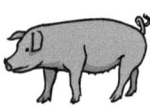

pig

свиня

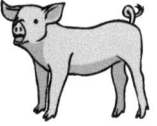

piglet

порося

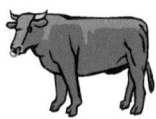

bull

бик

goose

гусак

duck

качка

chick

курча

hen

курка

cock

півень

rat

щур

cat

кіт

mouse

миша

ox

віл

dog

собака

doghouse

собача будка

garden hose

садовий шланг

watering can

лійка

scythe

коса

plough

плуг

sickle

серп

hoe

мотика

pitchfork

вила

axe

сокира

wheelbarrow

тачка

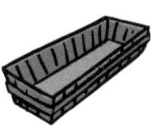

trough

корито

milk can

бідон молока

sack

мішок

fence

паркан

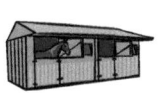

stable

хлів

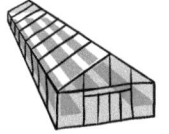

greenhouse

теплиця

soil

ґрунт

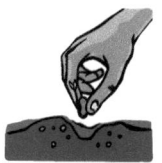

seed

насіння

fertilizer

добриво

combine harvester

комбайн

harvest

пожинати

harvest

урожай

yams

корінь ямсу

wheat

пшениця

soy

соя

potato

картопля

corn

кукурудза

rapeseed

ріпак

fruit tree

плодове дерево

cassava

маніок

cereals

злаки

house

дім

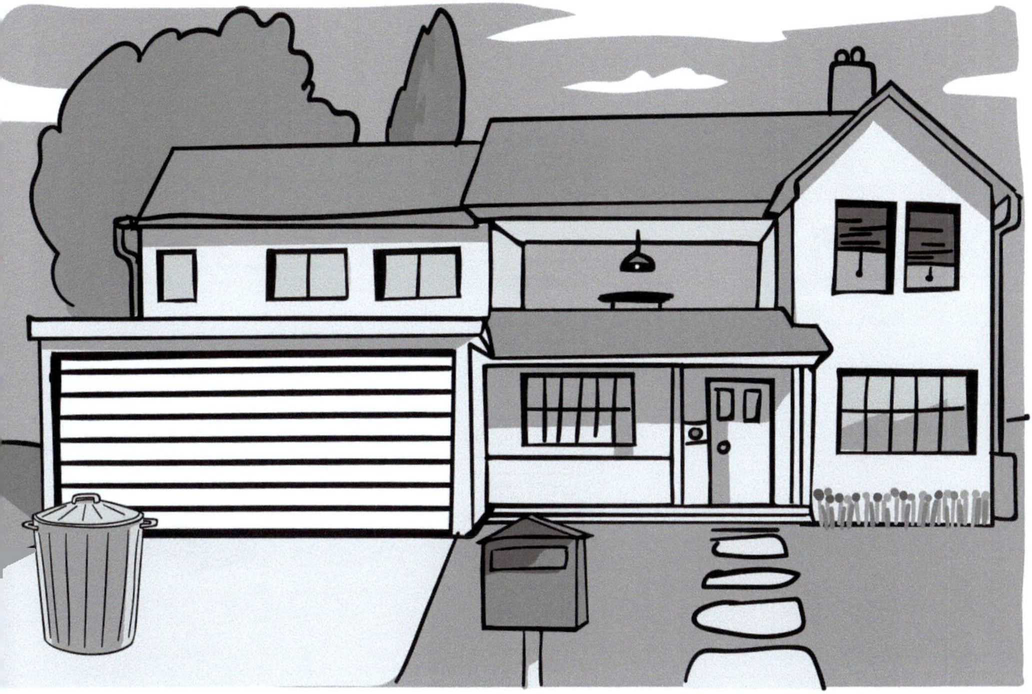

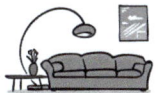

living room

вітальня

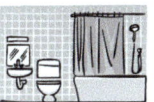

bathroom

ванна кімната

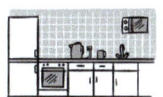

kitchen

кухня

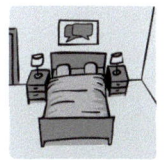

bedroom

спальня

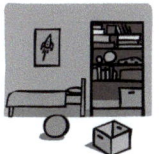

child's room

дитяча кімната

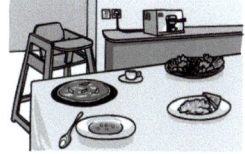

dining room

їдальня

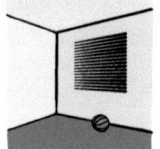

floor

підлога

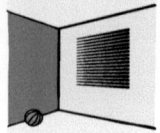

wall

стіна

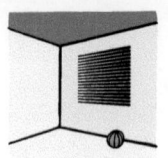

ceiling

стеля

cellar

підвал

sauna

сауна

balcony

балкон

terrace

тераса

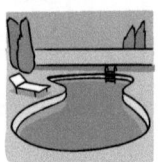

pool

басейн

lawn mower

косарка

sheet

простирало

bedspread

ковдра

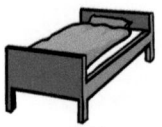

bed

ліжко

broom

мітла

bucket

відро

switch

перемикач

carpet

килим

curtain

завіса

table

стіл

chair

стілець

rocking chair

крісло-гойдалка

armchair

крісло

book

книга

blanket

ковдра

decoration

прикраса

firewood

дрова

film

фільм

hi-fi equipment

стереосистема

key

ключ

newspaper

газета

painting

картина

poster

плакат

radio

радіо

notepad

блокнот

hoover

пилосос

cactus

кактус

candle

свічка

kitchen
кухня

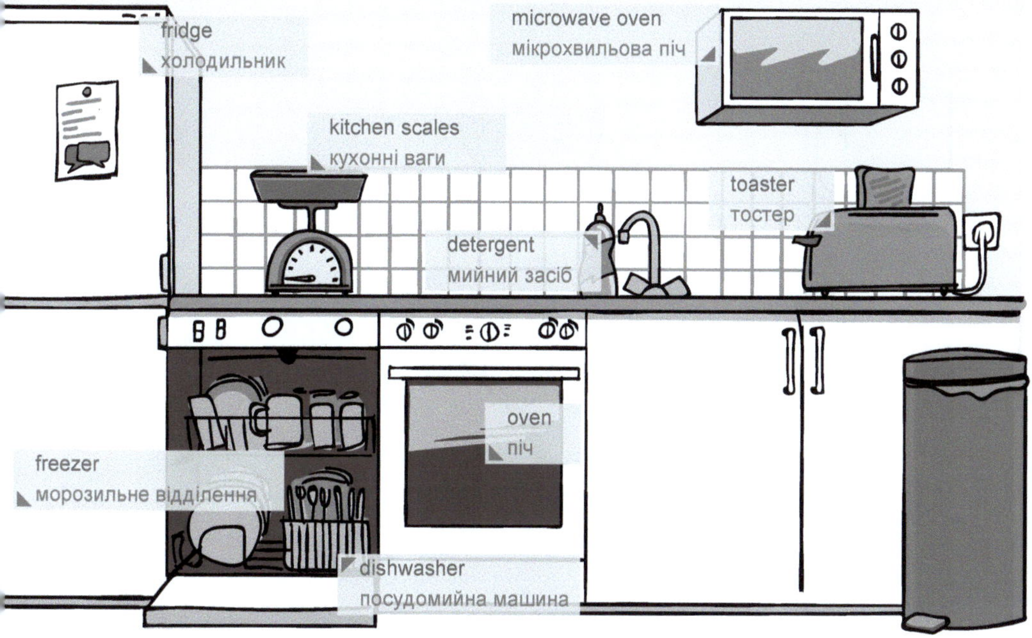
fridge
холодильник
microwave oven
мікрохвильова піч
kitchen scales
кухонні ваги
toaster
тостер
detergent
мийний засіб
oven
піч
freezer
морозильне відділення
dishwasher
посудомийна машина

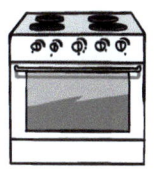

cooker

плита

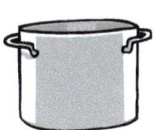

pot

горщик

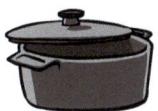

cast-iron pot

чавунний горщик

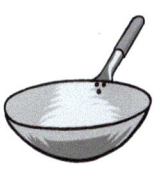

wok / kadai

вок / кадай

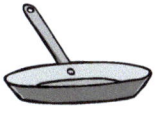

pan

сковорода

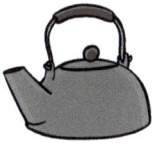

kettle

чайник

steamer

пароварка

baking tray

лист

crockery

посуд

mug

кухоль

bowl

чаша

chopsticks

палички для їжі

ladle

черпак

spatula

лопатка

whisk

вінчик для збивання

strainer

сито

sieve

сито

grater

терка

mortar

ступка

barbecue

барбекю

open fire

багаття

chopping board

дошка

rolling pin

качалка

corkscrew

штопор

can

конзерва

can opener

відкривачка

pot holder

прихватки

sink

раковина

brush

щітка

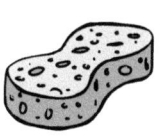

sponge

губка

blender

міксер

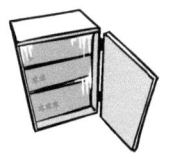

deep freezer

морозильна камера

baby bottle

дитяча пляшка

tap

кран

bathroom

ванна кімната

heating
опалення
shower
душ
towel
рушник
shower curtain
душова завіса
bubble bath
пiниста ванна
bathtub
ванна
glass
склянка
washing machine
пральна машина
tap
кран
tiles
плитка
potty
горшок
sink
раковина

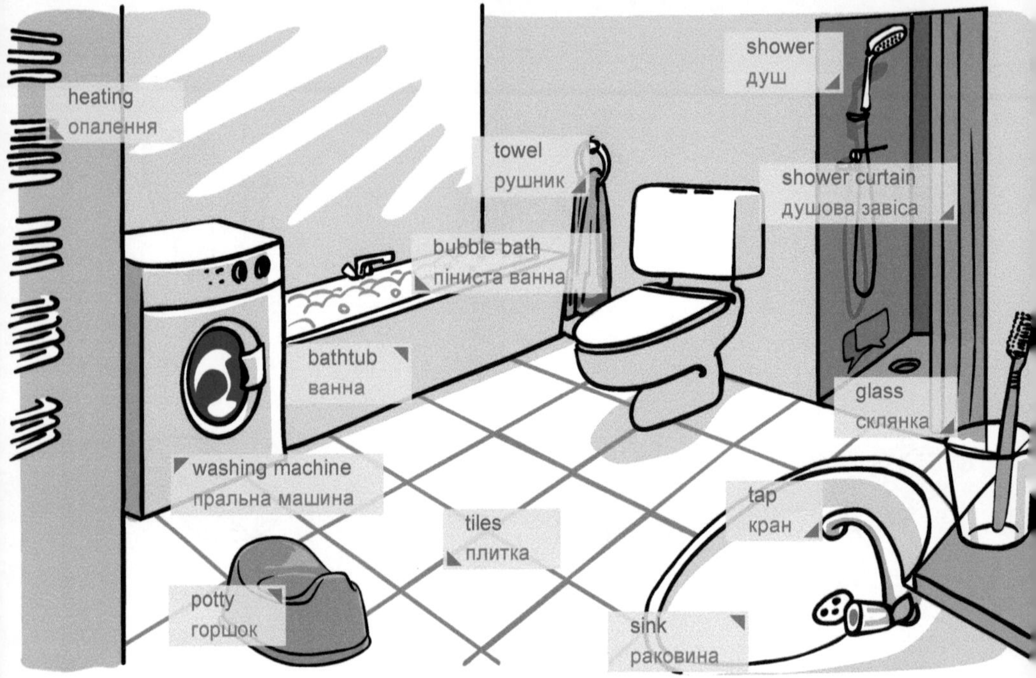

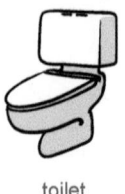

toilet

туалет

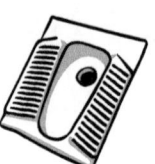

squat toilet

підлоговий туалет

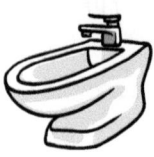

bidet

біде

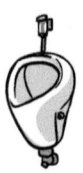

urinal

пісуар

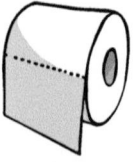

toilet paper

туалетний папір

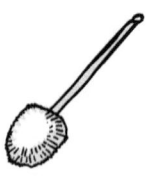

toilet brush

щітка для туалету

toothbrush

зубна щітка

toothpaste

зубна паста

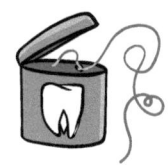

dental floss

нитка для чищення зубів

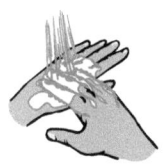

wash

мити

handheld shower

ручний душ

douche

інтимний душ

basin

таз

back brush

щітка для спини

soap

мило

shower gel

гель для душу

shampoo

шампунь

flannel

мочалка

drain

водостік

cream

крем

deodorant

дезодорант

mirror

дзеркало

hand mirror

косметичне дзеркало

razor

бритва

shaving foam

піна для гоління

aftershave

лосьйон після гоління

comb

гребінь

brush

щітка

hair dryer

фен

hairspray

лак для волосся

makeup

косметика

lipstick

губна помада

nail varnish

лак для нігтів

cotton wool

вата

nail scissors

ножиці для нігтів

perfume

парфум

bathroom - ванна кімната

washbag

косметичка

stool

табурет

weighing scale

ваги

bathrobe

халат

rubber gloves

гумові рукавички

tampon

тампон

sanitary towel

гігієнічні прокладки

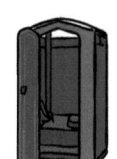

chemical toilet

біотуалет

child's room

дитяча кімната

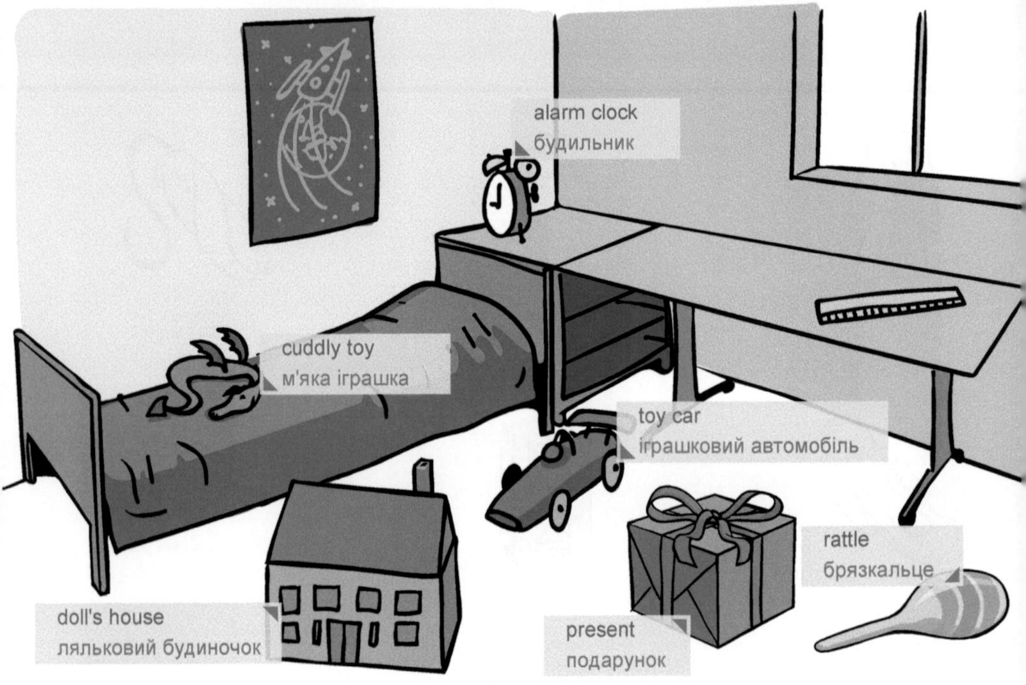
alarm clock
будильник
cuddly toy
м'яка іграшка
toy car
іграшковий автомобіль
rattle
брязкальце
doll's house
ляльковий будиночок
present
подарунок

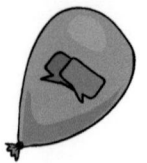

balloon

повітряна кулька

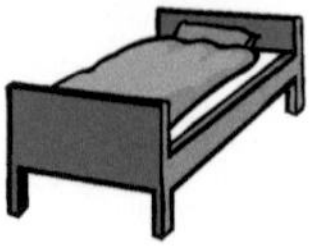

bed

ліжко

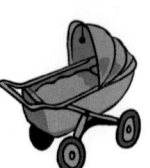

pram

дитячий візок

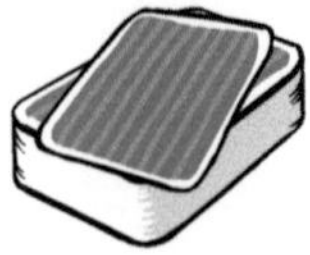

deck of cards

картярська гра

jigsaw

пазл

SUPER
MEGA

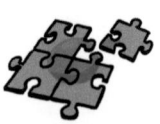

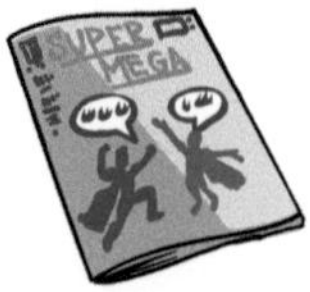

comic

комікс

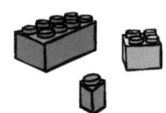

lego bricks

лего цеглинки

building blocks

блоки

action figure

іграшкова фігурка

babygrow

повзунки

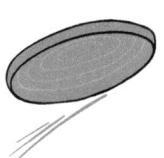

frisbee

фризбі

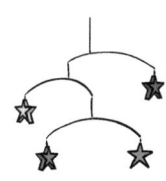

mobile

мобіле

board game

настільна гра

dice

кубик

model train set

модель залізнична станція

dummy

соска

party

вечірка

picture book

книжка з картинками

ball

м'яч

doll

лялька

play

грати

sandpit

пісочниця

swing

гойдалка

toys

іграшка

video game console

гральна консоль

tricycle

триколісний велосипед

teddy bear

плюшевий мішка

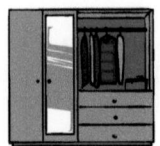

wardrobe

шафа

clothing

одяг

socks

шкарпетки

stockings

панчохи

tights

колготки

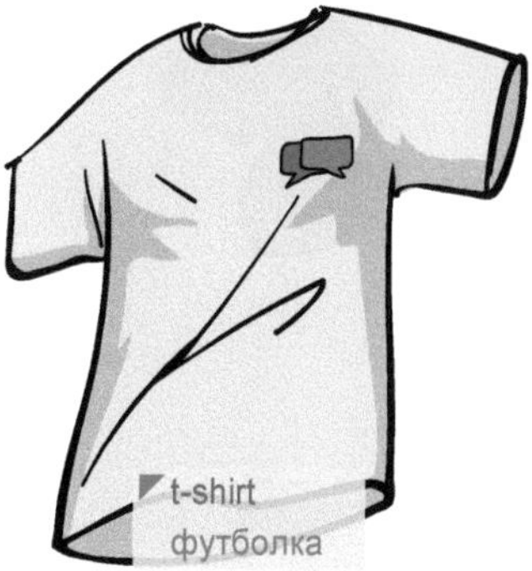

scarf
шарф

belt
ремінь

umbrella
парасоля

t-shirt
футболка

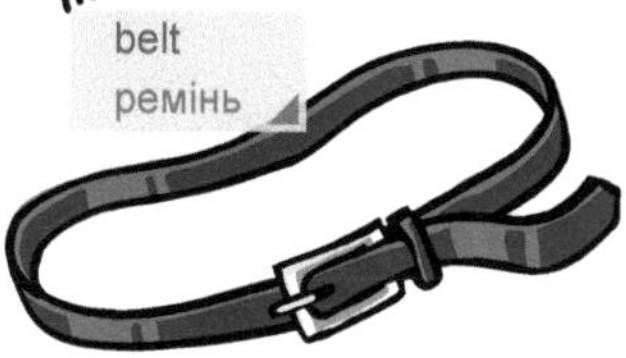

boots
чоботи

slippers
домашнє взуття

trainers
кросівки

sandals

сандалі

shoes

взуття

rubber boots

гумові чоботи

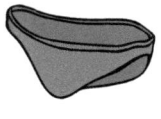

underpants

труси

bra

бюстгальтер

vest

нижня сорочка

body

боді

trousers

штани

jeans

джинси

skirt

спідниця

blouse

блузка

shirt

сорочка

pullover

пуловер

hoodie

светр

blazer

піджак

jacket

куртка

coat

пальто

raincoat

дощовик

costume

костюм

dress

сукня

wedding dress

весільна сукня

suit

костюм

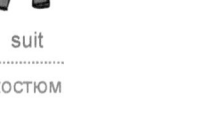

nightgown

нічна сорочка

pyjamas

піжама

sari

сарі

headscarf

головна хустка

turban

чалма

burqa

бурка

kaftan

кафтан

abaya

абая

swimsuit

купальник

trunks

плавки

shorts

шорти

tracksuit

тренувальний костюм

apron

фартух

gloves

рукавички

button

гудзик

glasses

окуляри

bracelet

браслет

necklace

ланцюг

ring

кільце

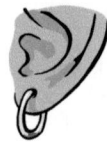

earring

сережка

cap

шапка

coat hanger

плічка

hat

капелюх

tie

краватка

zip

застібка-блискавка

helmet

шолом

braces

підтяжки

school uniform

шкільна форма

uniform

уніформа

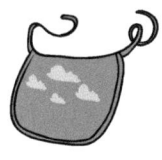

bib

нагрудник

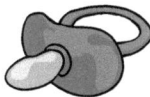

dummy

соска

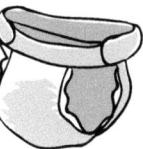

nappy

підгузок

office

офіс

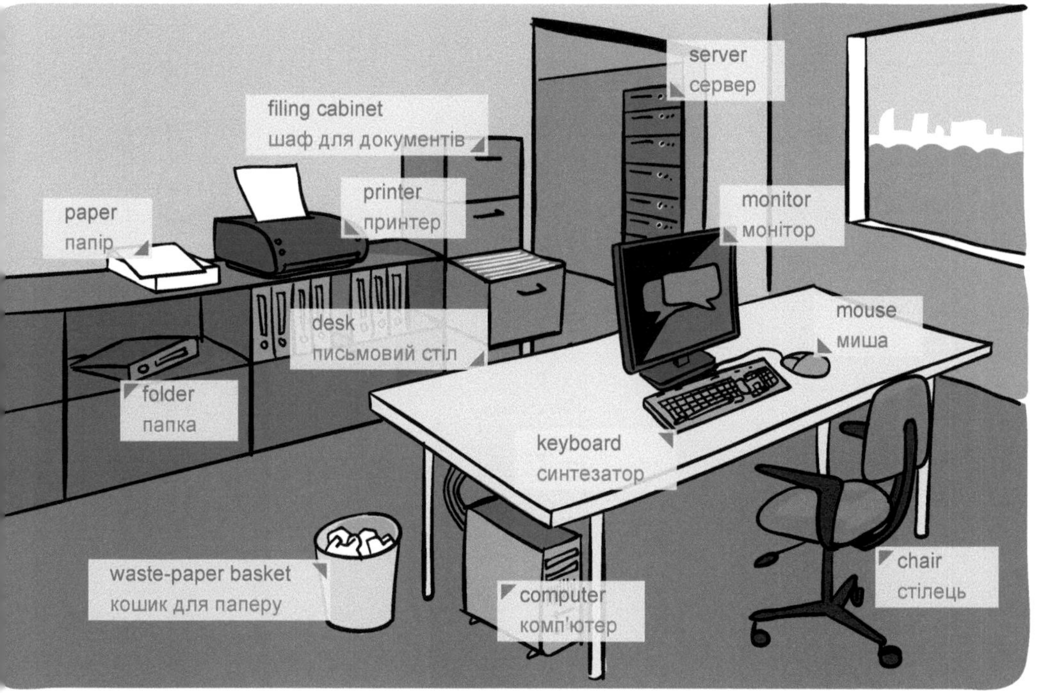

server
сервер
filing cabinet
шаф для документів
printer
принтер
paper
папір
monitor
монітор
mouse
миша
desk
письмовий стіл
folder
папка
keyboard
синтезатор
waste-paper basket
кошик для паперу
computer
комп'ютер
chair
стілець

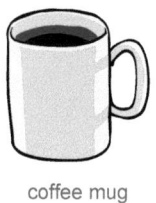

coffee mug

кавовий кухоль

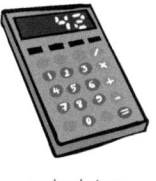

calculator

калькулятор

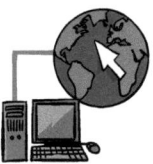

internet

інтернет

laptop

ноутбук

letter

лист

message

повідомлення

mobile

мобільний телефон

network

мережа

photocopier

копіювальний пристрій

software

програмне забезпечення

telephone

телефон

plug socket

розетка

fax machine

факс

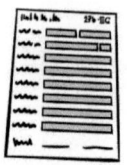

form

бланк

document

документ

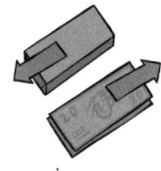

buy

купувати

pay

платити

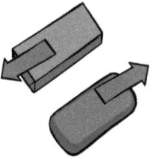

trade

торгувати

money

гроші

dollar

долар

euro

євро

yen

ієна

rouble

рубль

Swiss franc

франк

renminbi yuan

юанів женьміньбі

rupee

рупія

cashpoint

банкомат

bureau de change

обмінний пункт

gold

золото

silver

срібло

oil

нафта

energy

енергія

price

ціна

contract

контракт

tax

податок

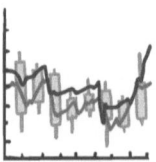

stock

акція

work

працювати

employee

працівник

employer

роботодавець

factory

фабрика

shop

магазин

economy - економіка

occupations
професії

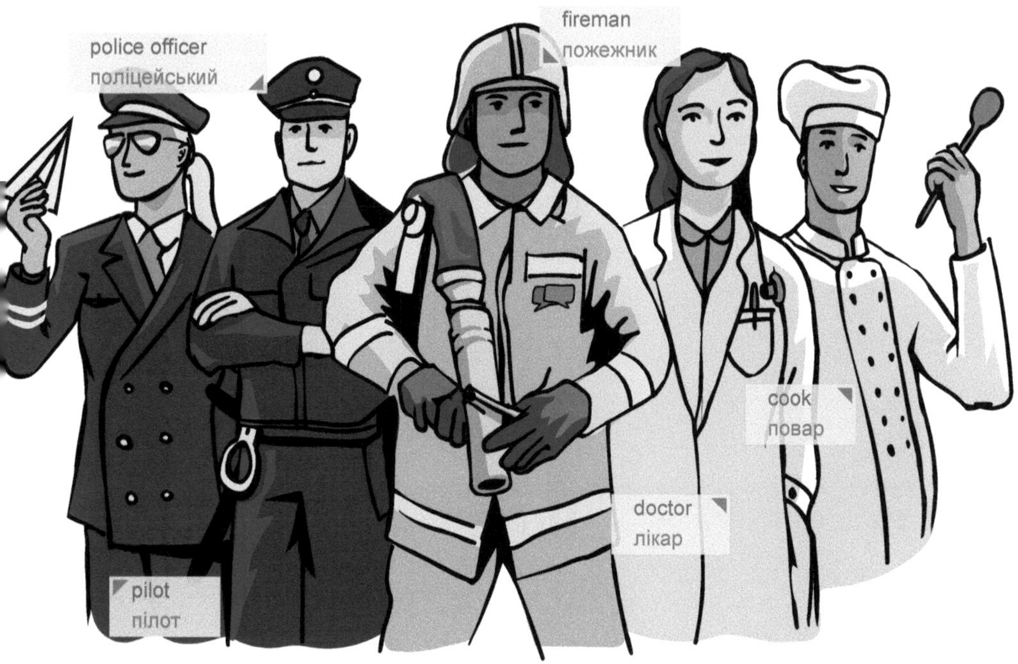

police officer
поліцейський
fireman
пожежник
cook
повар
doctor
лікар
pilot
пілот

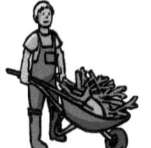

gardener

садівник

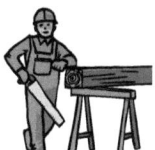

carpenter

столяр

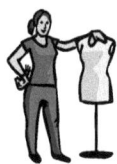

seamstress

швачка

judge

суддя

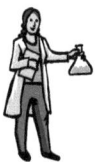

chemist

хімік

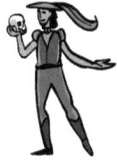

actor

актор

bus driver

водій автобуса

taxi driver

таксист

fisherman

рибалка

cleaning lady

прибиральниця

roofer

покрівельник

waiter

офіціант

hunter

мисливець

painter

художник

baker

пекар

electrician

електрик

builder

будівельник

engineer

інженер

butcher

забійник

plumber

бляхар

postman

листоноша

soldier

солдат

architect

архітектор

cashier

касир

florist

флорист

hairdresser

перукар

conductor

кондуктор

mechanic

механік

captain

капітан

dentist

дантист

scientist

вчений

rabbi

рабин

imam

імам

monk

монах

clergyman

пастор

tools
інструменти

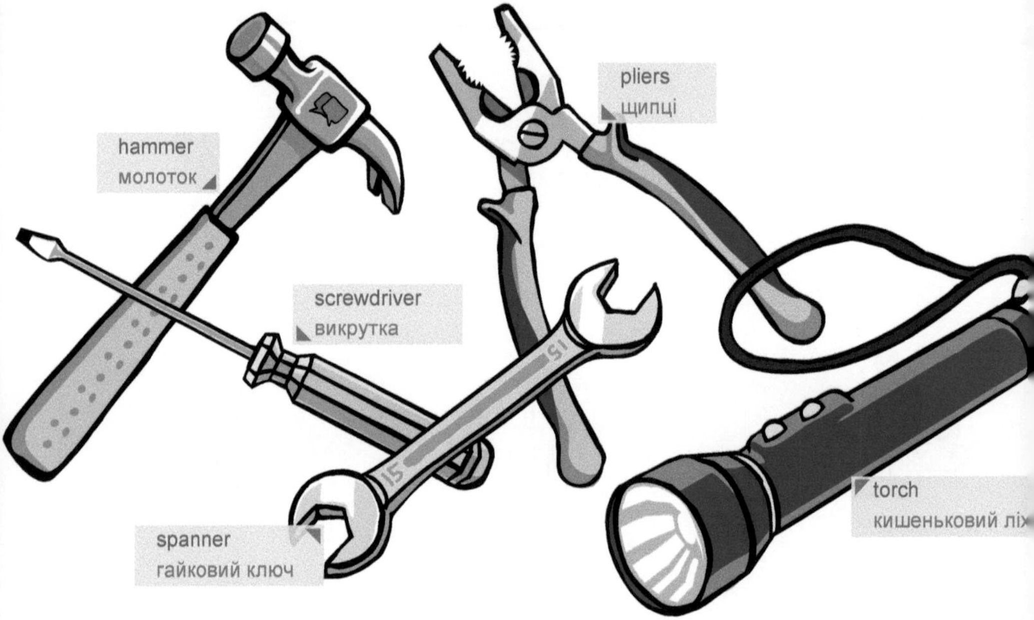

hammer
молоток
pliers
щипці
screwdriver
викрутка
spanner
гайковий ключ
torch
кишеньковий лі

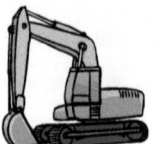

digger

екскаватор

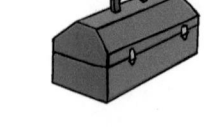

toolbox

ящик для інструментів

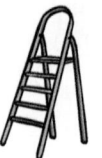

ladder

драбина

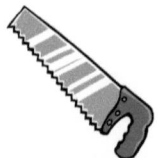

saw

пилка

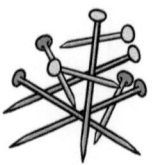

nails

цвяхи

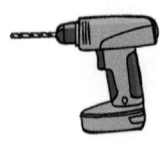

drill

свердло

repair

ремонтувати

shovel

лопата

Damn!

лайно!

dustpan

совок

paint pot

відро з фарбою

screws

гвинти

musical instruments
музичні інструменти

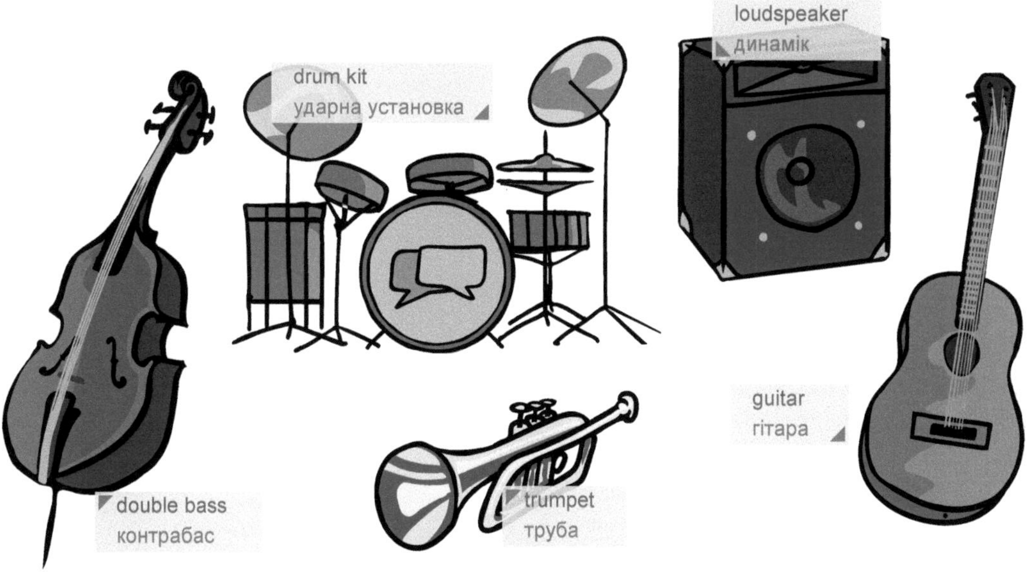

loudspeaker
динамік

drum kit
ударна установка

double bass
контрабас

trumpet
труба

guitar
гітара

piano

фортепіано

violin

скрипка

bass

бас

timpani

литаври

drums

барабан

keyboard

клавіатура

saxophone

саксофон

flute

флейта

microphone

мікрофон

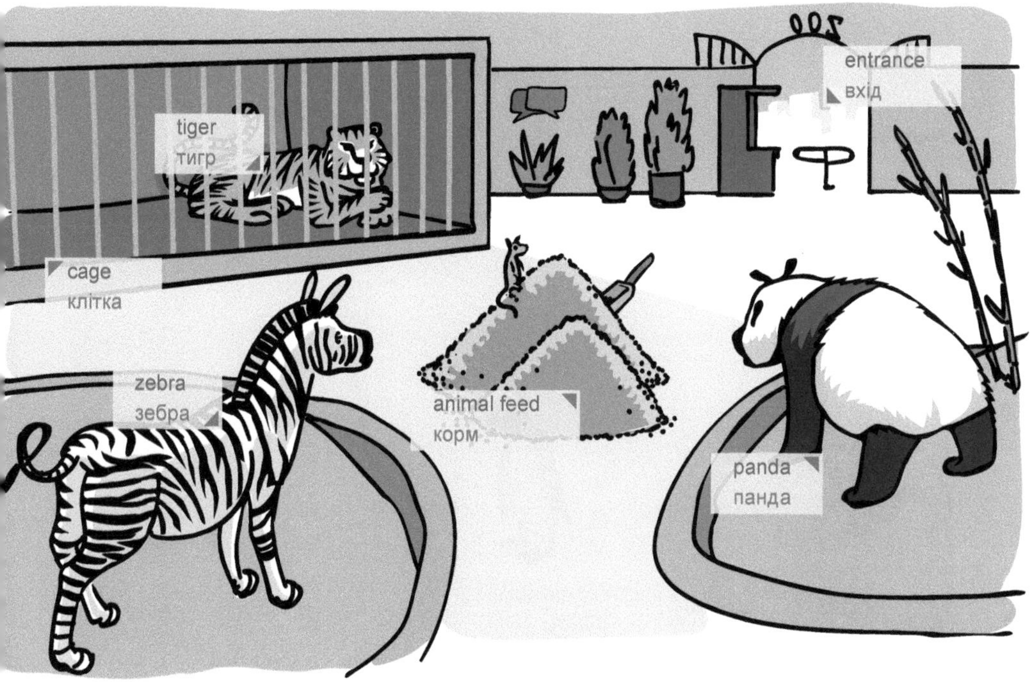

entrance
вхід

tiger
тигр

cage
клітка

zebra
зебра

animal feed
корм

panda
панда

animals

тварини

elephant

слон

kangaroo

кенгуру

rhino

носоріг

gorilla

горила

bear

ведмідь

camel

верблюд

ostrich

страус

lion

лев

monkey

мавпа

flamingo

фламінго

parrot

папуга

polar bear

білий ведмідь

penguin

пінгвін

shark

акула

peacock

павич

snake

змія

crocodile

крокодил

zookeeper

працівник зоопарку

seal

тюлень

jaguar

ягуар

pony

поні

leopard

леопард

hippo

гіпопотам

giraffe

жираф

eagle

орел

boar

кабан

fish

риба

turtle

черепаха

walrus

морж

fox

лисиця

gazelle

газель

American football
американський футбол

cycling
їзда на велосипеді

tennis
теніс

basketball
баскетбол

swimming
плавання

ice hockey
хокей

boxing
бокс

football
футбол

badminton
бадмінтон

athletics
легка атлетика

handball
гандбол

skiing
лижні перегони

polo
поло

jump
стрибати

laugh
сміятися

hug
обіймати

walk
йти

sing
співати

dream
мріяти

pray
молитися

kiss
цілувати

write
писати

draw
малювати

show
показувати

push
тиснути

give
давати

take
брати

have

мати

do

робити

be

бути

stand

стояти

run

бігати

pull

тягнути

throw

кидати

fall

падати

lie

лежати

wait

очікувати

carry

носити

sit

сидіти

get dressed

одягати

sleep

спати

wake up

просипатися

look at

дивитися

cry

плакати

stroke

гладити

comb

розчісувати

talk

розмовляти

understand

розуміти

ask

питати

listen

слухати

drink

пити

eat

їсти

tidy up

прибирати

love

любити

cook

варити

drive

їхати

fly

літати

activities - дії

sail

йти під вітрилом

calculate

рахувати

read

читати

learn

вчитися

work

працювати

marry

одружуватися

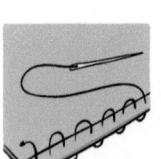

sew

шити

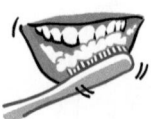

brush teeth

чистити зуби

kill

убивати

smoke

курити

send

посилати

grandmother
бабуся

grandfather
дідуся

father
батько

mother
мати

baby
немовля

daughter
донька

son
син

guest

гість

aunt

тітка

uncle

дядько

brother

брат

sister

сестра

body

тіло

forehead
чоло
eye
око
shoulder
плече
finger
палець
face
обличчя
chin
підборіддя
hand
кисть
leg
нога
breast
груди
arm
рука

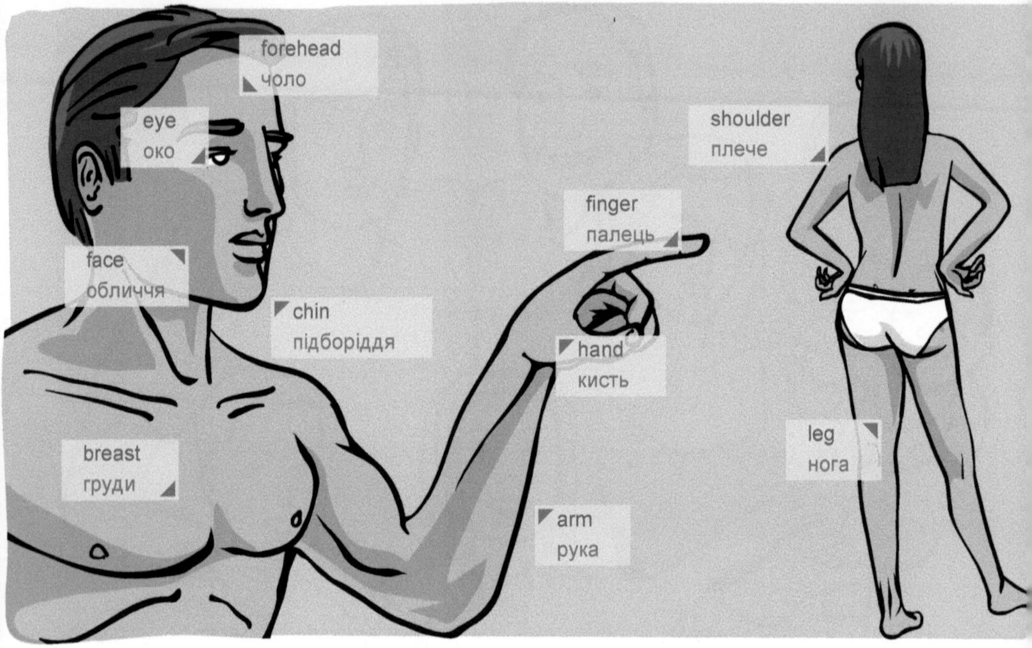

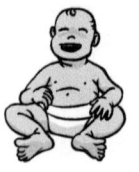

baby

немовля

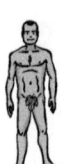

man

чоловік

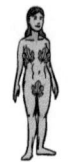

woman

жінка

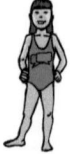

girl

дівчина

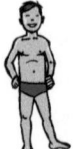

boy

хлопчик

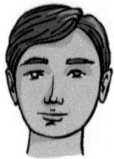

head

голова

back

спина

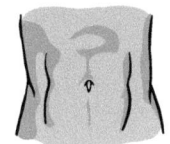

belly

живіт

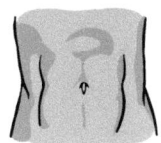

belly button

пуп

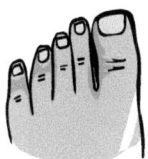

toe

палець ноги

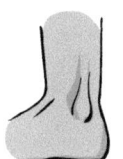

heel

п'ята

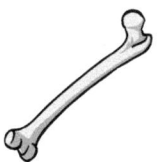

bone

кістка

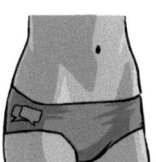

hip

стегно

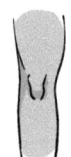

knee

коліно

elbow

лікоть

nose

ніс

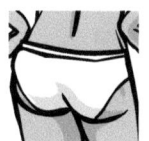

bottom

сідниці

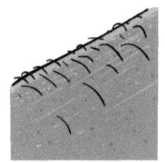

skin

шкіра

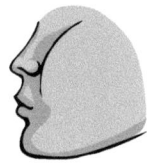

cheek

щока

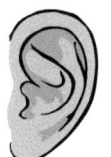

ear

вухо

lip

губа

mouth

рот

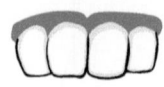

tooth

зуб

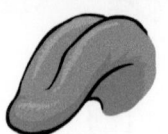

tongue

язик

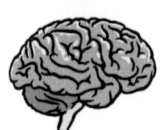

brain

мозок

heart

серце

muscle

м'яз

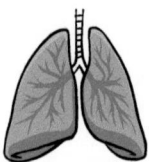

lung

легені

liver

печінка

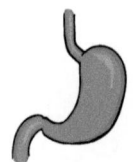

stomach

шлунок

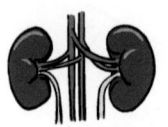

kidneys

нирки

sex

статевий акт

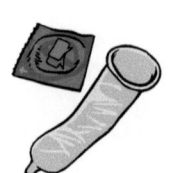

condom

презерватив

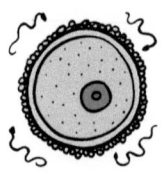

ovum

яйцеклітина

semen

сперма

pregnancy

вагітність

body - тіло

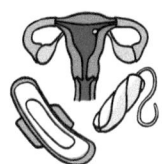

menstruation

менструація

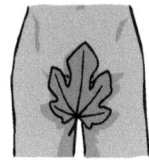

vagina

вагіна

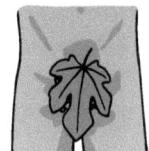

penis

пеніс

eyebrow

брова

hair

волосся

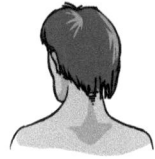

neck

шия

hospital
лікарня

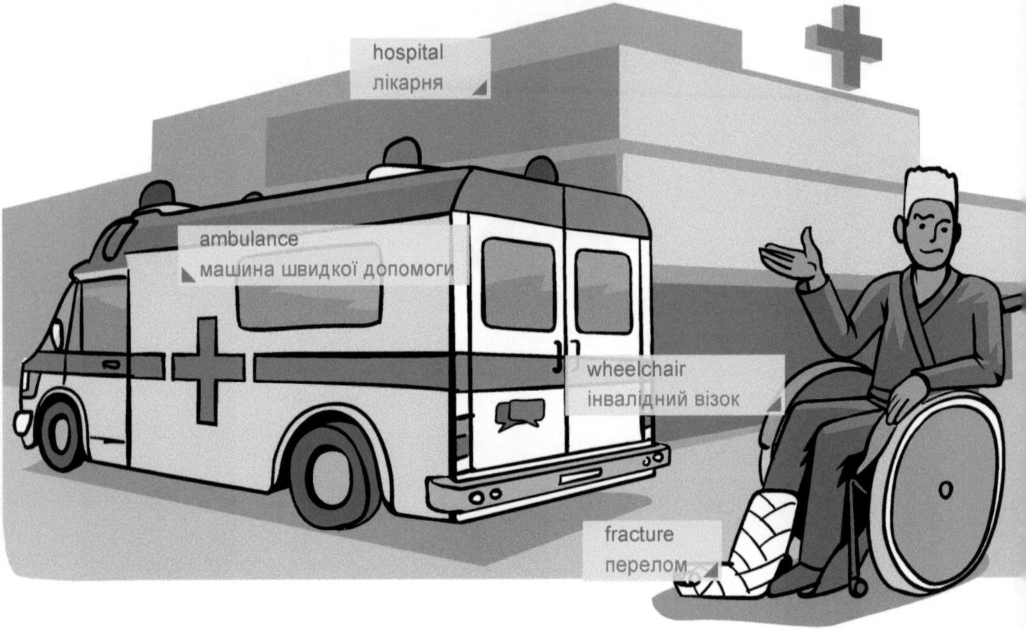

hospital
лікарня
ambulance
машина швидкої допомоги
wheelchair
інвалідний візок
fracture
перелом

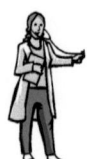

doctor

лікар

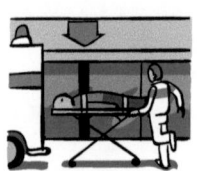

emergency room

відділення швидкої медичної допомоги

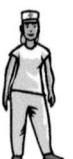

nurse

медсестра

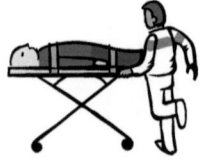

emergency

аварійний випадок

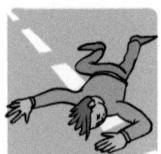

unconscious

непритомний

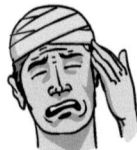

pain

біль

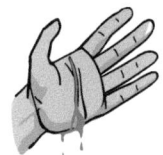

injury

травма

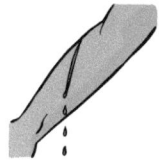

bleeding

кровотеча

heart attack

інфаркт

stroke

інсульт

allergy

алергія

cough

кашель

fever

лихоманка

flu

грип

diarrhoea

пронос

headache

головна біль

cancer

рак

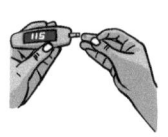

diabetes

діабет

surgeon

хірург

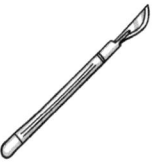

scalpel

скальпель

operation

операція

hospital - лікарня

CT

KT

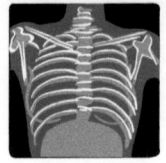

x-ray

рентген

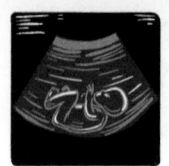

ultrasound

ультразвук

face mask

маска

disease

хвороба

waiting room

зал очікування

crutch

милиця

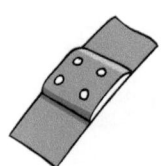

plaster

пластир

bandage

пов'язка

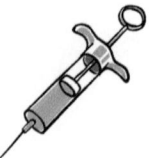

injection

ін'єкція

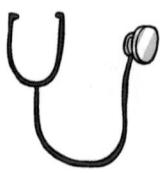

stethoscope

стетоскоп

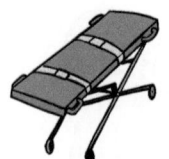

stretcher

ноші

clinical thermometer

термометр

birth

народження

overweight

надмірна вага

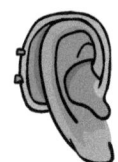

hearing aid

слуховий апарат

disinfectant

дезінфікуючий засіб

infection

інфекція

virus

вірус

HIV / AIDS

ВІЛ / СНІД

medicine

медицина

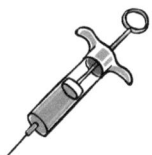

vaccination

вакцинація

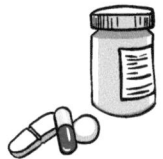

tablets

таблетки

pill

протизаплідна пігулка

emergency call

екстрений виклик

blood pressure monitor

тонометр

ill / healthy

хворий / здоровий

Help!

Допоможіть!

alarm

сигнал тривоги

assault

напад

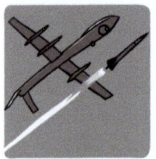

attack

атака

danger

небезпека

emergency exit

аварійний вихід

Fire!

Вогонь!

fire extinguisher

вогнегасник

accident

аварія

first-aid kit

аптечка

SOS

СОС

police

поліція

Europe

Європа

North America

Північна Америка

South America

Південна Америка

Africa

Африка

Asia

Азія

Australia

Австралія

Atlantic

Атлантика

Pacific

Тихий океан

Indian Ocean

Індійський океан

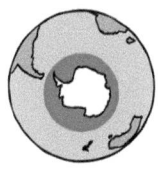

Antarctic Ocean

Антарктичний океан

Arctic Ocean

Північний Льодовитий
океан

North Pole

Північний полюс

South Pole

Південний полюс

Antarctica

Антарктика

Earth

Земля

land

суша

sea

море

island

острів

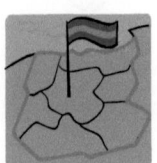

nation

нація

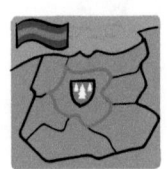

state

держава

clock face

циферблат

hour hand

годинникова стрілка

minute hand

хвилинна стрілка

second hand

секундна стрілка

What time is it?

Котра година?

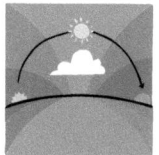

day

день

time

час

now

зараз

digital watch

цифровий годинник

minute

хвилина

hour

година

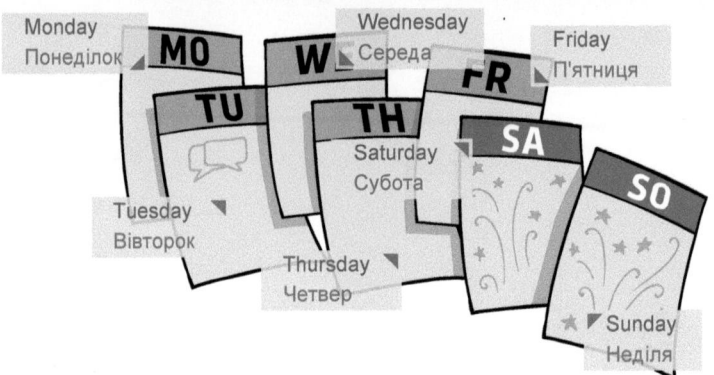

Monday
Понеділок

Wednesday
Середа

Friday
П'ятниця

Tuesday
Вівторок

Thursday
Четвер

Saturday
Субота

Sunday
Неділя

yesterday

вчора

today

сьогодні

tomorrow

завтра

morning

ранок

noon

опівдні

evening

вечір

business days

робочі дні

weekend

кінець робочого тижня

year
рік

rain
дощ
spring
весна
summer
літо
wind
вітер
autumn
осінь
snow
сніг
winter
зима

4.APRIL 11°
5.APRIL 4°
6.APRIL 13°
7.APRIL 8°
8.APRIL 10°

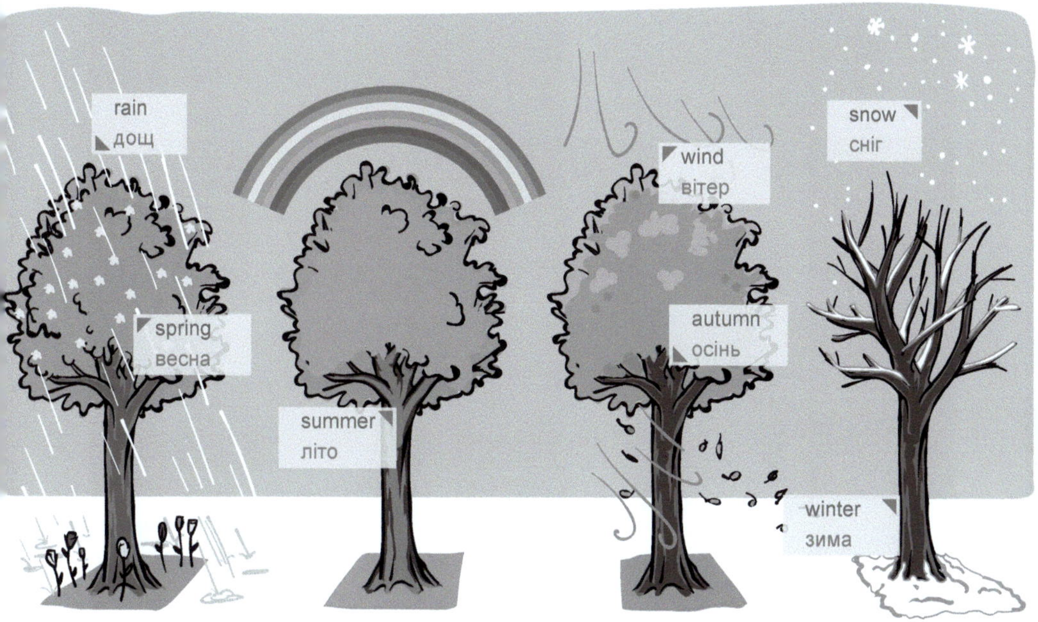

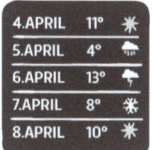

weather forecast

прогноз погоди

F
C
120
90
60
30
0
-30
40
30
20
10
0
-10
-20

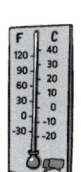

thermometer

термометр

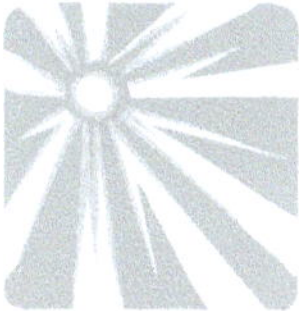

sunshine

сонячне світло

cloud

хмара

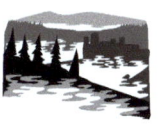

fog

туман

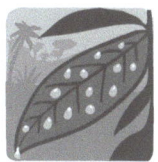

humidity

вологість повітря

lightning

блискавка

thunder

грім

storm

шторм

hail

град

monsoon

мусон

flood

повінь

ice

лід

January

Січень

February

Лютий

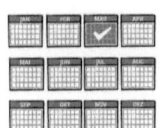

March

Березень

April

Квітень

May

Травень

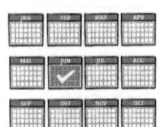

June

Червень

July

Липень

August

Серпень

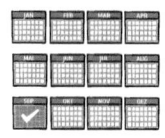

September

Вересень

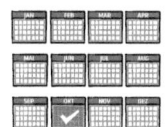

October

Жовтень

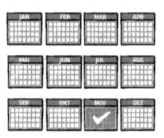

November

Листопад

December

Грудень

circle

круг

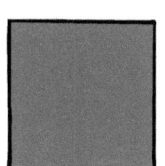

square

квадрат

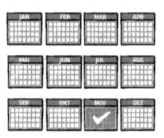

rectangle

прямокутник

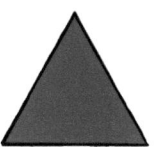

triangle

трикутник

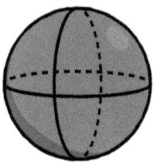

sphere

куля

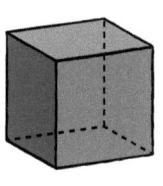

cube

куб

white

білий

yellow

жовтий

orange

помаранчевий

pink

рожевий

red

червоний

purple

фіолетовий

blue

синій

green

зелений

brown

коричневий

grey

сірий

black

чорний

a lot / a little

багато / мало

angry / calm

лютий / мирний

beautiful / ugly

гарний / бридкий

beginning / end

початок / кінець

big / small

великий / малий

bright / dark

світлий / темний

brother / sister

брат / сестра

clean / dirty

чистий / брудний

complete / incomplete

завершений /
незавершений

day / night

день / ніч

dead / alive

мертвий / живий

wide / narrow

широкий / вузький

edible / inedible

їстівний / не їстівний

evil / kind

злий / дружній

excited / bored

збуджений / нудьгуючий

fat / thin

товстий / тонкий

first / last

спочатку / востаннє

friend / enemy

друг / ворог

full / empty

повний / порожній

hard / soft

жорсткий / м'який

heavy / light

важкий / легкий

hunger / thirst

голод / спрага

ill / healthy

хворий / здоровий

illegal / legal

незаконний / законний

intelligent / stupid

розумний / дурний

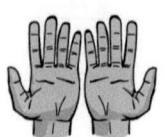

left / right

вліво / вправо

near / far

поруч / далеко

new / used

новий / використаний

nothing / something

нічого / щось

old / young

старий / молодий

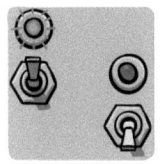

on / off

вкл / викл

open / closed

відкрито / закрито

quiet / loud

тихо / гучно

rich / poor

багатий / бідний

right / wrong

правильно / неправильно

rough / smooth

шорсткий / гладкий

sad / happy

сумний / щасливий

short / long

короткий / довгий

slow / fast

повільно / швидко

wet / dry

вологий / сухий

warm / cool

гарячий / холодний

war / peace

війна / мир

0

zero

нуль

1

one

один

2

two

два

3

three

три

4

four

чотири

5

five

п'ять

6

six

шість

7

seven

сім

8

eight

вісім

9

nine

дев'ять

10

ten

десять

11

eleven

одинадцять

12

twelve

дванадцять

13

thirteen

тринадцять

14

fourteen

чотирнадцять

15

fifteen

п'ятнадцять

16

sixteen

шістнадцять

17

seventeen

сімнадцять

18

eighteen

вісімнадцять

19

nineteen

дев'ятнадцять

20

twenty

двадцять

100

hundred

сто

1.000

thousand

тисяча

1.000.000

million

мільйон

English

англійська

American English

американська англійська

Chinese Mandarin

китайська
високочиновницька

Hindi

хінді

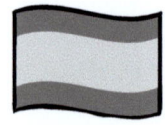

Spanish

іспанська

French

французька

Arabic

арабська

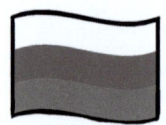

Russian

російська

Portuguese

португальська

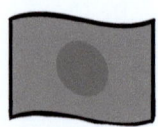

Bengali

бенгальська

German

німецька

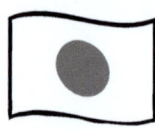

Japanese

японська

I

я

you

ти

he / she / it

він / вона / воно

we

ми

you

ви

they

вони

who?

хто?

what?

що?

how?

як?

where?

де?

when?

коли?

name

ім'я

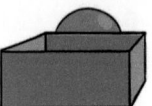

behind

ззаду

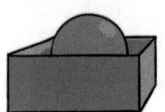

in

в

in front of

перед

over

над

on

на

under

під

beside

біля

between

між

place

місце